Les blagues Carambar

7-13, boulevard Paul-Émile-Victor – Île de la Jatte
92521 Neuilly-sur-Seine cedex

11, rue de la Vanne
92542 Montrouge cedex

Les blagues Carambar

Michel Lafon

DRÔLE D'HISTOIRE !

Carambar ! Plus qu'une gourmandise : un phénomène de société. Ce drôle de bonbon en longueur se déguste partout en France. Il s'en mange un toutes les **40 SECONDES** et s'en vend **700 MILLIONS** chaque année ; en mettant leur production annuelle bout à bout, on pourrait faire **DEUX FOIS LE TOUR DE LA TERRE**. Tout ça à cause d'un surplus de cacao dont on ne savait que faire, et d'une machine qui a perdu la tête !

Ça se passe en 1954, M. Gallois et M. Fauchille fils, dirigeants de la société Delespaul-Havez, qui produit des pâtes et des tablettes de chocolat, ont un reste de cacao à écouler. Ils ont l'idée de le mélanger à du caramel pour en faire un bonbon original, appétissant et de bel aspect. Mais voilà que la machine chargée de les fabriquer se dérègle, et donne naissance à une longue barre toute bizarre que l'on va baptiser **CARAM'BAR**.

En tout cas c'est un succès. Parce que ce tuyau de chocolat caramélisé est non seulement bon, mais drôle ! On peut le tordre, l'étirer, le suçoter pour faire durer le plaisir : les enfants n'y résistent pas, et les parents non plus.

En plus, dès le départ, Caram'bar propose aux enfants des points D.H. (Delespaul-Havez) insérés à l'intérieur des papillotes, et prometteurs de cadeaux de rêve.

Neuf ans plus tard, les points D.H. sont remplacés par des histoires drôles, sélectionnées par un jury lors de concours organisés dans les écoles. Les enfants de la France entière sont invités à envoyer des **BLAGUES**, des **DEVINETTES**, des **RÉBUS** ou des **CHARADES** de leur invention. Les meilleures histoires sont imprimées sur les papillotes. Et en plus, les heureux gagnants reçoivent **LEUR POIDS EN CARAM'BAR**.

Du coup, le Caram'bar s'allonge et se fait appeler **SUPER CARAM'BAR** ! Pourtant, en 1984, il revient à un format plus traditionnel, perd son apostrophe d'origine et devient simplement **CARAMBAR**. Mais un Carambar aux multiples parfums : citron, fraise, orange, cola, bi-goût, nougat, atomic, plus récemment Tchô goûts Titeuf... Et pour son 50e anniversaire, Carambar a fait des petits, puisqu'il existe aujourd'hui en Minis.

Et les blagues continuent de circuler, avec des séries évoluant selon le goût du moment. Qui ne se souvient des célèbres *Charades*, des *Devinettes* ou du succès public des *Monsieur et Madame* ? Aujourd'hui la blague Carambar est devenue une référence, dans les cours de récré comme chez les plus grands. Et les fans de la marque peuvent se régaler : tout récemment sont arrivées les nouvelles blagues tordantes avec quatre séries exclusives : *C'est quoi le pire ?*, *Trois bonnes raisons*, *Carambar Info* et *Tu devineras jamais*...

**RETROUVEZ ICI LE « BEST OF »
DE TOUTES CES TROUVAILLES, À LIRE,
BIEN SÛR, EN TAQUINANT DES LÈVRES
LE CARAMBAR DE VOTRE CHOIX !**

DRÔLES DE BLAGUES !

DANS LA SÉRIE…

AMUSE TES AMIS

– Docteur, je n'y comprends rien. Chaque fois que je bois une tasse de chocolat, j'ai une douleur à l'œil droit !
– Ce n'est rien. Enlevez seulement la cuillère…

Élémentaire, mon cher !

Comment appelle-t-on un ascenseur, au Japon ?

Réponse : Comme en France, en appuyant sur le bouton !

CARAMBAR, c'est trop !

Petit Carambar demande à un pêcheur :
– Est-il vrai que les baleines mangent des sardines ?
– Oui, c'est exact.
– Mais comment font-elles pour ouvrir les boîtes ?

3 bonnes raisons...

... de mettre du déodorant :

1) Pour tenir la poignée du bus sans avoir honte.
2) Pour que les gens te parlent de plus près qu'avant.
3) S'il vous plaît, ne cherchez pas d'autres raisons, faites-le sans discuter.

C'EST QUOI LE PIRE ?

Serrer la main du président de la République
devant les caméras avec un gant en caoutchouc
OU aller au mariage de ta sœur en pyjama ?

CARAMBAR info

Vrai ou faux ?
Les humains et les cochons
sont les seuls animaux
à pouvoir attraper des coups de soleil.

Réponse : Vrai. Sauf que les cochons ne mettent pas de crème solaire.

DANS LA SÉRIE...

Devinette

Quels sont les gars qui ont le plus de caractère ?

Réponse : Les imprimeurs.

Toute mimi mignonne

Une petite fille joue avec un gros chien, et celui-ci lui lèche la figure.
Alors les parents demandent à leur enfant :
– Il t'a mordue, ma chérie ?
– Non, il m'a seulement goûtée !

AMUSE TES AMIS

– Docteur, ma jambe droite me fait affreusement souffrir !
– C'est l'âge, Madame !
– Mais ma jambe gauche ne me fait pas mal et pourtant elle a le même âge !

CARAMBAR info

Vrai ou faux ? Les méduses sont composées à 99 % de bave.

Réponse : Faux. Elles sont composées à 99 % d'eau.

TU DEVINERAS JAMAIS !

Qu'est-ce qui fait 4 mètres de haut,
qui a 87 dents pointues et qui hurle à la mort ?

Réponse : Je ne sais pas, mais cours !

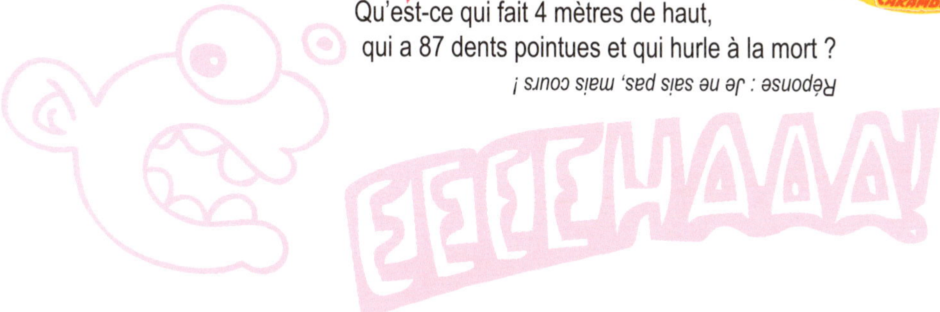

C'EST QUOI LE PIRE ?

Te verser un pot de miel sur le crâne à côté d'un nid d'abeilles
OU courir pieds nus dans un jardin plein de hérissons ?

DANS LA SÉRIE…

Toute mimi mignonne

– Julien, viens m'aider, on va changer ton petit frère…
– Pourquoi, il est déjà usé ?

Devinette

Quelle est la note de musique la plus basse ?

Réponse : Le fa… parce qu'il est sous le sol.

Sans queue, ni tête

Un fou dit à un autre fou :
– Donne-moi un chiffre entre zéro et dix !
– Mercredi ! dit l'autre.
– T'es fou ? Mercredi, c'est en Amérique !

C'EST QUOI LE PIRE ?

Devoir changer de slip toutes les quatre minutes
OU garder le même toute ta vie ?

CARAMBAR info

Vrai ou faux ? Les étoiles de mer ont huit yeux
au bout de chacune de leurs branches.

*Réponse : Vrai. Du coup, quand elles draguent,
elles se font à la fois de l'œil et du pied.*

TU DEVINERAS JAMAIS !

Pourquoi faut-il se lever très tôt le matin
quand on est paresseux ?

*Réponse : Parce que ça laisse encore plus de
temps pour ne rien faire de la journée.*

DANS LA SÉRIE...

AMUSE TES AMIS

Une dinde à une amie :

– Alors, ma chère, où comptez-vous passer les fêtes de Noël ?

Charade

Hihihihihi !
Hihihihihi !

Le chien aime beaucoup mon premier.
Mon deuxième est un obstacle.
Mon troisième est un prénom féminin.
Mon tout est un continent.

Réponse : OCÉANIE (Os-Haie-Annie).

CARAMBAR, c'est trop !

Qu'est-ce qu'on tire par les oreilles avant de tirer la langue ?

Réponse : Un Carambar !

3 bonnes raisons...

... de ne pas fermer les yeux au cinéma :

1) Tu risques de rater les pubs.
2) Tu risques de rater le film.
3) Tu risques de rater le siège où tu vas t'asseoir.

UUH! UUH! UUH!

C'EST QUOI LE PIRE ?

Rater un penalty en finale de Coupe du monde
OU battre le record du monde du cent mètres sans que ça se sache ?

CARAMBAR info

Vrai ou faux ? Les puces peuvent sauter 135 fois leur taille.

Réponse : Vrai. C'est comme si un homme sautait aussi haut qu'un immeuble de 65 étages !

DANS LA SÉRIE…

AMUSE TES AMIS

– Écoute, dit la maman à Paul, si tu es sage tu iras au ciel, mais si tu n'es pas sage tu iras en enfer !

– Et qu'est-ce que je dois faire, pour aller au cirque ?

PAS SI BÊTE

La maîtresse demande à petit Carambar de compter jusqu'à dix :

– Un, deux, trois, quatre, cinq, six, sept, huit, dix.

– Et le neuf ?

– Je l'ai mangé à la cantine !

Charade

Mon premier est une boisson chinoise.
Mon deuxième n'est pas beau.
Mon troisième n'est pas vrai.
Mon quatrième est négatif.
Mon tout est un appareil de communication.

Réponse : TÉLÉPHONE (Thé-Laid-Faux-Ne).

TU DEVINERAS JAMAIS !

Qu'est-ce que l'on met sur la table, que l'on coupe,
que l'on sert et que l'on ne mange pas ?

Réponse : Un jeu de cartes.

C'EST QUOI LE PIRE ?

Être le sosie de la star que tu détestes le plus
OU être la star la plus moche de la planète ?

CARAMBAR info

Vrai ou faux ? Le pharaon Ramsès II avait plus de 160 paires de baskets.

Réponse : Faux. Par contre il était le père de plus de 160 enfants !

DANS LA SÉRIE…

Sans queue, ni tête

Deux camarades de classe se rencontrent à la récré :

– T'as fait quoi, au contrôle ?

– J'ai rendu copie blanche !

– Zut, moi aussi ! La maîtresse va croire qu'on a copié !

Toute mimi mignonne

Des copines jouent ensemble.

Une fille demande alors à une autre :

– Dis, comment s'appelle ta mère ?

– Ben, « maman », pourquoi ?

C'EST QUOI LE PIRE ?

Skier sur une montagne de spaghettis cuits
OU nager dans une mer de sauce tomate ?

3 bonnes raisons...

... de se couper les poils du nez s'ils dépassent :

1) Si vous êtes un homme ça refroidit les femmes.
2) Si vous êtes une femme ça fait fuir les hommes.
3) Si vous êtes un singe... qui vous a appris à lire ?

CARAMBAR info

Vrai ou faux ? Tous les hommes préhistoriques avaient la grosse tête.

Réponse : Vrai. Leur cerveau était plus gros que le nôtre.

DANS LA SÉRIE…

Sans queue, ni tête

– Bonjour Monsieur, je voudrais une robe de chambre !
– Bien sûr, quelle est la taille de la chambre ?

Devinette

Comment fait-on pour écrire herbe sèche en quatre lettres ?

Réponse : On écrit « foin ».

Toute mimi mignonne

Un chiot demande à son père :
– Dis papa, mon vrai nom,
c'est Assis ou Couché ?

TU DEVINERAS JAMAIS !

Quelle est la différence entre un homme de vingt ans
et un homme de cinquante ans ?

Réponse : Trente kilos.

C'EST QUOI LE PIRE ?

Sucer de la laine
OU mâcher un galet ?

CARAMBAR info

Vrai ou faux ? S'ils en avaient, les chats sentiraient des pieds.

Réponse : Vrai. Car ils évacuent toute leur transpiration par les pattes.

DANS LA SÉRIE...

Charade

Mon premier se fait en marchant.
Mon deuxième est un rongeur.
Mon troisième souffle.
Mon tout sert à cacher.

Réponse : PARAVENT (Pas-Rat-Vent).

Mort de rire

La maîtresse demande à Toto :
– Quand je dis « il pleuvait », de quel temps s'agit-il ?
– D'un sale temps, Madame !

Élémentaire, mon cher !

Comment prend-on des mesures sous l'eau ?

Réponse : Avec un mètre nageur !

TU DEVINERAS JAMAIS !

Comment appelle-t-on un lapin sourd ?

Réponse : LAAAAAAAAAAAPIN !

C'EST QUOI LE PIRE ?

Faire un match de boxe à plat ventre
OU un match de foot sur le dos ?

DANS LA SÉRIE...

AMUSE TES AMIS

– Et ça fait longtemps, demande le psychiatre, que vous vous prenez pour une poule ?

– Ben ça remonte à quand j'étais un tout jeune poussin.

Charade

Mon premier sert à avancer.
Mon deuxième est un rongeur.
Mon troisième mouille.
Mon tout sert à protéger.

Réponse : PARAPLUIE
(Pas-Rat-Pluie).

PAS SI BÊTE

Deux puces sortent du cinéma. L'une d'elles dit à l'autre :

– On prend un chien ou on rentre à pied ?

C'EST QUOI LE PIRE ?

Ne jamais voir ton reflet dans le miroir
OU que tous tes amis aient la même tête que toi ?

HOHOHO !

3 bonnes raisons...

... de ne pas se raser en conduisant :

1) C'est dur de bien tailler sa moustache en regardant dans le rétroviseur.
2) « Pilote de course au rasoir », ce n'est pas un sport.
3) Il vaut mieux continuer à se curer le nez.

CARAMBAR info

Vrai ou faux ? Dans une vie, on passe en moyenne 220 000 heures à se regarder dans la glace.

Réponse : Faux. Par contre c'est à peu près le nombre d'heures que l'on passe à dormir.

DANS LA SÉRIE...

AMUSE TES AMIS

À l'occasion d'un sondage sur les lotions « après-rasage », on demande à un homme :

– S'il vous plaît, qu'est-ce que vous mettez après vous être rasé ?

– Mon pantalon.

Charade

Mon premier n'est pas menteur.
Mon second plante des arbres.
Mon tout est un fruit.

Réponse : FRAMBOISE (Franc-Boise)

PAS SI BÊTE

Un chat entre dans une pharmacie.

Le pharmacien lui demande ce qu'il veut, et le chat lui dit :

– Je voudrais du sirop pour matou !

3 bonnes raisons...

... de ne pas aller faire pipi pendant un film au cinéma :

1) Personne ne le mettra sur pause si tu pars aux W-C.

2) Tu rates toujours la meilleure scène du film à ce moment-là.

3) Tu risques de distraire les acteurs.

C'EST QUOI LE PIRE ?

Dormir debout
OU courir à genoux ?

CARAMBAR info

Vrai ou faux ? Le cerveau d'un chat a plus de capacités qu'une calculatrice de poche.

Réponse : Faux. C'est probablement pire, car son cerveau n'est pas plus gros qu'une bille.

DANS LA SÉRIE…

AMUSE TES AMIS

Un gangster retiré des affaires demande à son fils :

– Alors, comment ton interrogation orale s'est-elle passée ?

– Formidable ! Ils m'ont interrogé pendant une heure et je n'ai pas dit un seul mot !

Hihihihihi !

Devinette

Connaissez-vous l'histoire du lit vertical ?

Réponse : C'est une histoire à dormir debout !

Hihihihihi !

Toute mimi mignonne

Sur une page d'écriture, un zéro rencontre un huit :

– Tiens ! Tu as mis une ceinture !

C'EST QUOI LE PIRE ?

Faire du bouche-à-bouche à un requin
OU te retrouver nez à nez avec un rhinocéros ?

CARAMBAR info

Vrai ou faux ? Chaque année la Terre reçoit des déchets venant de l'espace.

Réponse : Vrai. Chaque année, vingt-six mille météorites s'écrasent sur notre planète.

TU DEVINERAS JAMAIS !

Comment reconnaît-on une vieille folle dans un aéroport ?

Réponse : Elle donne du pain à manger aux avions.

DANS LA SÉRIE…

AMUSE TES AMIS

– Bonjour Monsieur, je voudrais un timbre à soixante centimes s'il vous plaît.
– Tenez.
– Merci. Combien je vous dois ?

Charade

Mon premier est un bruit de revolver.
Mon deuxième est un véhicule.
Mon troisième est un pronom personnel.
Mon tout avise le public.

Réponse : PANCARTE (Pan-Car-Te).

PAS SI BÊTE

Pourquoi les éléphants se baladent-ils toujours en troupeaux ?

Réponse : Parce que c'est l'éléphant du milieu qui a la radio !

3 bonnes raisons…

… de devenir l'ami des insectes :

1) Tu n'auras jamais de fourmis dans les jambes.
2) Tu n'auras jamais le cafard.
3) Tu ne te feras jamais moucher.

HOHOHOHOHOho !

C'EST QUOI LE PIRE ?

Revivre la même journée tous les jours
OU te réveiller tous les matins sans te souvenir de la veille ?

CARAMBAR info

Vrai ou faux ? Certains somnambules peuvent conduire leur voiture en plein sommeil.

Réponse : Faux. Par contre le somnambulisme se transmet de père en fils.

DANS LA SÉRIE…

AMUSE TES AMIS

Une dame récemment veuve rencontre une amie :
– J'ai appris le décès de ton mari. J'espère qu'il n'a pas souffert trop longtemps ?
– Oh non ! Nous n'étions mariés que depuis cinq ans…

Charade

Mon premier est un point d'eau.
Mon second n'arrive pas tard.
Mon tout est un outil.

Réponse : MARTEAU (Mare-Tôt).

PAS SI BÊTE

Pourquoi les lapins ne jouent-ils qu'avec trente-neuf cartes, et non avec cinquante-deux ?

Réponse : Parce qu'ils mangent les trèfles !

3 bonnes raisons...

… de ne pas se curer le nez à un feu rouge :

1) Les passants vont te trouver répugnant.
2) Tu vas salir le volant avec tes crottes.
3) Ça ne fera pas passer le feu au vert plus vite pour autant.

C'EST QUOI LE PIRE ?

Casser tout ce que tu touches
OU devoir réparer tout ce que les autres cassent ?

CARAMBAR info

Vrai ou faux ? Les dauphins ronflent en dormant.

Réponse : Faux, car ils ne dorment jamais. Pour se reposer, ils font marcher chaque moitié de leur cerveau à tour de rôle.

DANS LA SÉRIE...

PAS SI BÊTE

Jérôme dit à Aurélie :

– Est-ce que tu arrives à faire un huit, avec ta bouche ?

– Non, pourquoi ?

– Alors tu es moins forte que la poule, parce qu'elle arrive à faire un neuf avec son derrière !

Devinette

Quelle est la différence entre un ascenseur et une cigarette ?

Réponse : Aucune. Ils font tous les deux des cendres (descendre).

Charade

Mon premier est à l'extrémité.
Mon deuxième enveloppe les bébés.
Mon troisième est content.
Mon tout est un commerce.

Réponse : BOULANGERIE (Bout-Lange-Rit).

3 bonnes raisons...

... de ne pas être déguisé en super héros pour draguer :

1) C'est dur de séduire avec des collants bleus.
2) Tu seras obligé de ranger tes clés dans ton slip.
3) C'est la honte si t'arrives en bus alors qu'elle t'attend en regardant en l'air.

CARAMBAR info

Vrai ou faux ? Le film le plus long qui ait jamais été réalisé dure 15 heures 20.

Réponse : Faux. Il dure 15 heures 21 !

C'EST QUOI LE PIRE ?

Être le seul à avoir vu une soucoupe volante et que personne ne te croie OU que des Martiens soient parmi nous mais que personne ne puisse les reconnaître ?

DANS LA SÉRIE…

AMUSE TES AMIS

– Madame, crie la bonne, le bébé est tombé dans la baignoire !

– Eh bien retirez-le, au lieu de vous affoler !

– Mais Madame, l'eau est beaucoup trop chaude…

Toute mimi mignonne

– Maman, c'est vrai que quand on meurt on devient poussière ?

– Oui, mon chéri.

– Alors viens voir, il y a un mort sous mon lit !

Sans queue, ni tête

Qu'est-ce qu'un point bleu dans une fleur ?

Réponse : Une abeille en blue-jeans.

CARAMBAR info

Vrai ou faux ?

Il ne faut pas croire tout ce que disent les chimpanzés.

Réponse : Vrai. Les experts qui communiquent avec eux par le langage des signes ont réalisé qu'ils sont capables de mentir.

C'EST QUOI LE PIRE ?

Avoir des plumes sous les bras

OU des ongles à la place des dents ?

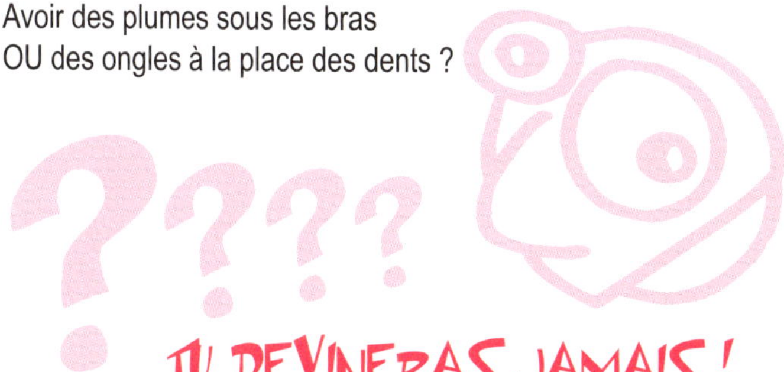

TU DEVINERAS JAMAIS !

Quelle est la différence entre un galet sur la plage et un homme au volant de sa voiture ?

Réponse : Le galet, plus il roule, plus il est poli.

DANS LA SÉRIE…

AMUSE TES AMIS

Une petite fille vient de visiter une ferme. Le soir, elle raconte à son père :
– Et puis, tu sais, y a des cochons, eh ben ils parlent comme toi quand tu dors.

PAS SI BÊTE

Deux poules papotent ensemble dans la neige :
– Tu es folle de couver dehors, par un temps pareil…
– Mais non ! Le charcutier m'a demandé des œufs en gelée !

Charade

Mon premier coupe du bois.
Mon second est une petite montagne.
Mon tout est un prénom masculin.

Réponse : SIMON (Scie-Mont).

CARAMBAR info

Vrai ou faux ? Il faut soixante-dix morceaux de bois différents pour fabriquer une flûte à bec.

Réponse : Faux. Mais c'est le nombre qu'il faut pour fabriquer un violon.

3 bonnes raisons...

... de ne pas tirer la queue du chat :

1) Ton chien avait ce projet en tête depuis longtemps.
2) C'est pas une sonnette, le chat !
3) À bien y réfléchir, c'est pas sûr qu'il va aimer.

MHAHAHAH !

C'EST QUOI LE PIRE ?

Avoir les doigts de pied à la place des doigts de la main OU les doigts de la main à la place des doigts de pied ?

DANS LA SÉRIE…

AMUSE TES AMIS

L'instituteur :

– Où fut signé le traité de Versailles ?

Thibault :

– En bas de la page, Monsieur.

Monsieur et Madame

Monsieur et Madame Lacouverturmegratte ont une fille.
Comment l'appellent-ils ?

Réponse : Sandra, car sans drap la couverture me gratte !

Mort de rire

Une petite fille annonce à sa maman :

– Maman ! Mon armoire est tombée !

– Dis-le plutôt à ton papa !

– Il le sait déjà, il est en dessous !

3 bonnes raisons...

… de ne pas mettre ses doigts dans le nez en classe :

1) Tu risques de te faire remarquer en cours.

2) Ça agrandit les narines.

3) T'inquiète, il y aura à manger à la cantine !

C'EST QUOI LE PIRE ?

Regarder un film avec des jumelles sur une télé portable posée à deux cents mètres de toi

OU voir un film en ayant le nez collé sur le plus grand écran de cinéma du monde ?

CARAMBAR info

Vrai ou faux ? On peut faire trente-cinq omelettes avec un seul œuf d'autruche.

Réponse : Faux. On peut en faire onze et demie.
C'est pour les grosses faims !

DANS LA SÉRIE...

Mort de rire

À quoi reconnaît-on un motard heureux ?

Réponse : Aux moustiques collés sur ses dents !

AMUSE TES AMIS

À l'école, l'institutrice demande à ses élèves :
– À quel moment cueille-t-on les cerises ?
L'élève répond :
– Quand le fermier a le dos tourné.

Monsieur et Madame

Monsieur et Madame Ponsabledumatos ont une fille.
Comment l'appellent-ils ?

Réponse : Thérèse, car t'es responsable du matos !

C'EST QUOI LE PIRE ?

Un croissant aux rillettes pour le petit déj'
OU une entrecôte à la confiture pour le déjeuner ?

3 bonnes raisons...

... de ne pas oublier la Fête des mères :

1) Une mère, ça ne s'oublie jamais !
2) Ça peut faire oublier une mauvaise note.
3) Elle se souviendra de ton cadeau à ta prochaine bêtise.

CARAMBAR info

Vrai ou faux ? Les vaches donnent plus de lait quand elles écoutent du reggae.

Réponse : Vrai. D'une manière générale, elles sont plus productives quand elles écoutent de la musique.

DANS LA SÉRIE…

Monsieur et Madame

Monsieur et Madame Transcène ont un fils. Comment l'appellent-ils ?

Réponse : Jean, car j'entre en scène !

Devinette

Avec les lettres de mon nom on peut aussi écrire le nom de ma maison. Qui suis-je ?

Réponse : Le chien, anagramme de niche.

Mort de rire

Au restaurant :

– Il ne vaut rien, votre bifteck !

– Je vois que Monsieur n'a pas encore vu l'addition !

CARAMBAR info

Vrai ou faux ? Dans l'Égypte antique, quand un chat mourait, son maître devait porter sa moustache.

Réponse : Faux. Par contre, il devait se raser les sourcils.

C'EST QUOI LE PIRE ?

Qu'on te souhaite ton anniversaire sans gâteau
OU qu'on t'offre un gâteau en oubliant de te souhaiter ton anniversaire ?

3 bonnes raisons...

... d'éteindre la lumière avant d'aller dormir :

1) Une ampoule électrique a le droit de se reposer.
2) Ton doigt fait de la gym quand tu appuies sur l'interrupteur.
3) C'est pour faire peur à ton frère dans le noir.

DANS LA SÉRIE...

AMUSE TES AMIS

– Voyons, Romain ! Je t'ai déjà dit cent fois de ne pas écrire sur les murs, c'est sale !
– Mais papa, je n'écris que des noms propres !

Mort de rire

Camille demande :
– Papy, tu étais coiffeur quand tu étais jeune ?
– Non, pourquoi ?
– Parce que maman a dit que tu frisais la soixantaine et que tu allais nous raser à mourir !

Monsieur et Madame

Monsieur et Madame Onette ont deux filles.
Comment les appellent-ils ?

Réponse : Marie et Camille, car marionnette et camionnette !

3 bonnes raisons...

... d'arrêter de faire des cœurs au lieu de points sur les « i » après huit ans :

1) Personne n'aime les « i » à ce point-là.
2) Ça pourrait vexer les autres lettres.
3) On commence comme ça et on finit par mettre des chapeaux de cow-boy sur les « a ».

C'EST QUOI LE PIRE ?

Écrire avec ses doigts trempés dans l'encre
OU se gratter l'intérieur du nez avec un stylo plume ?

HIHIHI !

CARAMBAR info

Vrai ou faux ? La guerre de Cent Ans n'a duré que vingt ans, mais on l'appelle comme ça parce qu'on s'y est beaucoup ennuyé.

Réponse : Faux. Au contraire, elle a duré cent seize ans.

DANS LA SÉRIE…

Mort de rire

Un homme qui s'est ruiné au jeu dit à un ami :
– C'est juré, j'ai décidé d'arrêter de jouer.
– Je ne te crois pas.
– Tu paries ?

Devinette

Qu'est-ce qui est rond, vert, qui monte et qui descend ?

Réponse : Un petit pois dans un ascenseur.

C'EST QUOI LE PIRE ?

Partir à la plage avec le maillot de ta petite sœur
OU faire du ski dans la combinaison de ton père ?

TU DEVINERAS JAMAIS !

Pourquoi ne dois-tu pas tout le temps zapper,
quand tu regardes la télévision ?

Réponse : Parce que tu risques de bégayer des yeux.

CARAMBAR info

Vrai ou faux ? Quand les serpents se trouvent dans une situation désespérée, ils se donnent la mort en se mordant eux-mêmes.

Réponse : Faux. Car ils sont immunisés contre leur propre venin.

DANS LA SÉRIE...

AMUSE TES AMIS

Un professeur dit à ses élèves :

– Les hommes intelligents sont toujours dans le doute et seuls les imbéciles sont toujours affirmatifs.

– Vous en êtes certain ? demande un élève.

– Absolument certain, répond-il.

Élémentaire, mon cher !

Quel est le futur de « je bâille » ?

Réponse : Je dors !

Toute mimi mignonne

Un bébé araignée demande à sa maman :

– Qu'est-ce qu'on mange, ce soir ?

– De la mouche au chocolat !

3 bonnes raisons...

... d'être invisible :

1) On ne pourra plus te dire « qu'est-ce que tu ressembles à ta mère ».

2) Tu peux devenir champion du monde de cache-cache.

3) (*Désolé, la troisième raison est invisible*)

C'EST QUOI LE PIRE ?

Nettoyer ta salle de bains avec une brosse à dents
OU repeindre les murs de ta chambre avec du vernis à ongles ?

CARAMBAR info

Vrai ou faux ? Chaque année un insecte fait en moyenne plus de sept mille enfants.

Réponse : Faux. Par contre on découvre sept mille nouvelles espèces d'insectes chaque année.

DANS LA SÉRIE…

AMUSE TES AMIS

– C'est ça, votre rédaction sur le lait ? Quatre lignes…
– Oui, M'sieur, j'ai parlé du lait concentré.

Mort de rire

Un policier rencontre un homme avec un pingouin :
– Je croyais vous avoir dit hier de l'emmener au zoo !
– Oui, mais aujourd'hui je l'emmène au cinéma !

Monsieur et Madame

Monsieur et Madame Huaire ont une fille.
Comment l'appellent-ils ?

Réponse : Anne, car annuaire !

C'EST QUOI LE PIRE ?

Sauter à l'élastique attaché(e) par un spaghetti
OU faire du trampoline sur une biscotte géante ?

TU DEVINERAS JAMAIS !

Pourquoi les gorilles ont-ils de grosses narines ?

Réponse : Parce qu'ils ont de gros doigts.

DANS LA SÉRIE…

AMUSE TES AMIS

Un savant étudie la puce. Il dit « saute » et elle saute.
Puis il coupe les pattes de la puce et lui dit : « Saute. »
Mais la puce ne saute pas. Alors il en déduit que quand on coupe les pattes d'une puce, elle devient sourde.

Élémentaire, mon cher !

Quel est l'animal le plus rapporteur ?

Réponse : le cheval, parce que cheval dire à ma mère !

Monsieur et Madame

Monsieur et Madame Cassin ont un fils. Comment l'appellent-ils ?

Réponse : Marc, car marcassin !

TU DEVINERAS JAMAIS !

Qu'est-ce qui est jaune et plein de poils ?

Réponse : Une tartine beurrée tombée sur la moquette.

3 bonnes raisons...

… de chausser du 50 :

1) Tu peux faire du ski nautique sans skis.

2) Tu peux bronzer en te protégeant le visage avec les pieds en éventail.

3) Tu peux te chausser gratuitement avec des boîtes à chaussures.

CARAMBAR info

Vrai ou faux ? Il existe cinq mille manières de dire « gratte-moi le dos ».

Réponse : Vrai, puisqu'il existe cinq mille langues ou dialectes dans le monde.

DANS LA SÉRIE...

AMUSE TES AMIS

Une savonnette demande à une autre :

– Comment fais-tu, pour maigrir ?

– C'est simple, je prends un bain tous les jours.

Monsieur et Madame

Monsieur et Madame Pahucho ont deux filles. Comment les appellent-ils ?

Réponse : Sandra et Ella, car sans drap elle a pas eu chaud !

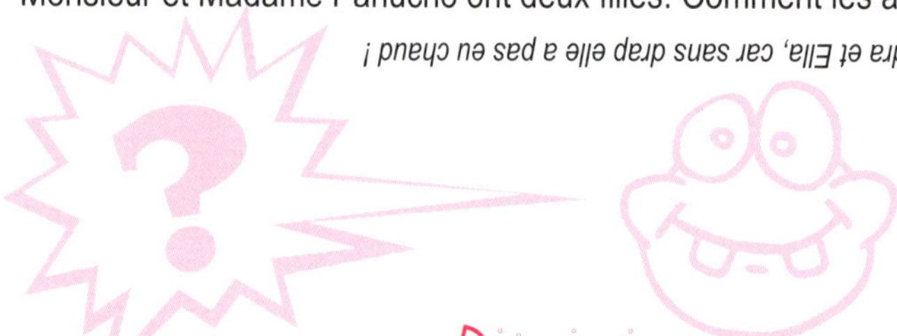

Devinette

Qui peut répondre dans toutes les langues sans les avoir apprises ?

Réponse : L'écho.

C'EST QUOI LE PIRE ?

Faire du surf sur une mer de gratin dauphinois
OU dormir enroulé(e) dans une tranche de jambon géante ?

MWAHAHAH !!!

CARAMBAR info

Vrai ou faux ? Dans cinq cents grammes de mouches grillées, il y a plus de vitamines que dans un grand verre de lait.

Réponse : Vrai. Il y a également plus de protéines que dans cinq cents grammes de bœuf.

3 bonnes raisons...

... de ne pas crier dans le wagon d'un train :

1) Ta mère va faire semblant qu'elle n'est pas ta mère.
2) Les voyageurs vont te ligoter et te bâillonner.
3) Le contrôleur va finir par te mettre sur le toit.

DANS LA SÉRIE...

Devinette

Qui porte le plus grand chapeau de France ?

Réponse : Celui qui a la plus grosse tête.

Charade

Mon premier est une note de musique.
Mon second est noir.
Mon tout est au milieu de mon second.

Réponse : MINUIT (Mi-Nuit).

Mort de rire

– Je vous dois combien ? demande la dame en sortant du taxi.
– Quarante euros, Madame, répond le chauffeur.
– Vous ne pourriez pas reculer un peu ?
Je n’ai que trente-cinq euros sur moi !

C'EST QUOI LE PIRE ?

Que ta petite copine ait la même coupe de cheveux que ta mère OU que ta mère s'habille exactement pareil que ta petite copine ?

CARAMBAR info

Vrai ou faux ? La plante qui grandit le plus vite sur Terre s'appelle la basketteuse.

Réponse : Faux. La basketteuse est une sportive et non une plante. C'est le bambou qui pousse le plus vite, de quatre-vingt-dix centimètres par jour.

TU DEVINERAS JAMAIS !

Quelle est la différence entre un pitbull et un cocker, quand ils vous font pipi dessus ?

Réponse : Le pitbull, on le laisse finir…

DANS LA SÉRIE…

Élémentaire, mon cher !

Quel animal est sourd ?

Réponse : Le crapaud, car il dit coâ coâ !

Mort de rire

Toto en voyage avec sa classe voit un âne :

– Regardez le beau cheval !

Sa maîtresse lui dit :

– Mais non, Toto, c'est un âne !

– C'est pas vrai ! Il ne me ressemble pas du tout !

TU DEVINERAS JAMAIS !

Pourquoi un sous-marin est-il dans son tort s'il percute un poisson rouge ?

Réponse : Parce qu'il n'a rien à faire dans un bocal.

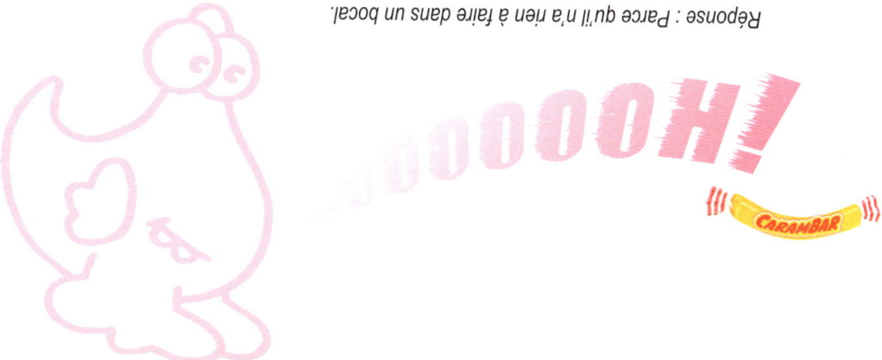

CARAMBAR info

Vrai ou faux ? Les pélicans n'ont jamais le nez qui coule.

Réponse : Vrai, car ils n'ont pas de narines.

C'EST QUOI LE PIRE ?

Vivre dans une petite caravane très mignonne
OU dans un grand appartement moche ?

DANS LA SÉRIE…

Mort de rire

Deux élèves discutent :

– La voiture de mon père, elle est décapotable !

– Dans celle du mien, on monte à 270 !

– Eh bien… on doit être drôlement serré !

Devinette

Pourquoi les coqs ont-ils des ailes et les poules pondent-elles des œufs ?

Réponse : Parce que les coqs ont besoin d'elles (ailes) et les poules ont besoin d'eux (œufs).

AMUSE TES AMIS

Une poule sort de son poulailler et s'écrie :

– Quel froid de canard !

À ce moment-là un canard passe et dit :

– Ne m'en parlez pas, ma chère, moi j'en ai la chair de poule.

3 bonnes raisons...

... de ne pas copier sur son voisin :

1) Si ça se trouve c'est le fils de ta prof.
2) Si ça se trouve lui non plus n'a pas révisé.
3) Si ça se trouve c'est lui qui copie sur toi.

C'EST QUOI LE PIRE ?

Que ta mère vienne te chercher à l'école
jusqu'au jour de ton bac
OU que ton père copie sur tes fringues ?

CARAMBAR info

Vrai ou faux ? Istanbul est la seule ville au monde qui soit la capitale de deux pays.

Réponse : Faux. Par contre c'est la seule ville à être située sur deux continents en même temps : l'Europe et l'Asie.

DANS LA SÉRIE...

AMUSE TES AMIS

– Charlotte, j'espère que tu prêtes ta luge à ton petit frère ?
– Oh oui, maman ! Lui il l'a pour monter, et moi pour descendre !

Mort de rire

Une vieille dame qui habite Paris visite une église.
Le prêtre lui dit :
– Voici une Vierge du XVe.
– Oh, c'est drôle, nous sommes du même arrondissement !

Toute mimi mignonne

Marion rentre d'un séjour à la neige.
Sa grand-mère lui demande :
– C'était bien, tes vacances au ski, ça t'a plu ?
– Oh oui, mamie, c'était téléféerique... !

3 bonnes raisons...

... de contrôler ta télé par la seule force de ta pensée :

1) Tu peux changer les résultats des matchs de foot.
2) Tu peux changer la couleur des cravates hideuses des animateurs.
3) Tu peux changer de chaîne sans utiliser la zappette.

C'EST QUOI LE PIRE ?

Avoir du chewing-gum entre les doigts de pied
OU avoir de la mayonnaise entre les fesses ?

CARAMBAR info

Vrai ou faux ? Dès la naissance, le nouveau-né kangourou a déjà un autre kangourou encore plus petit dans sa poche.

Réponse : Faux. Par contre il est si petit qu'il tient dans la paume de la main.

DANS LA SÉRIE…

AMUSE TES AMIS

– Quand tu as appris à conduire, qu’est-ce qui t’a semblé le plus dur ?

– Les arbres.

Y EN A LÀ-DEDANS !

L’instituteur demande à Pierre :

– Combien font trois et trois ?

– Match nul, Monsieur !

3 bonnes raisons...

… de marcher en arrière dans la rue :

1) Ça évite de croiser les gens que tu n'aimes pas.
2) Ça te donne un certain genre.
3) Ça te permet de rattraper le temps perdu.

C'EST QUOI LE PIRE ?

Avoir cinq pouces à la main droite pour devenir champion d'auto-stop OU avoir des yeux derrière la tête pour savoir qui parle dans ton dos ?

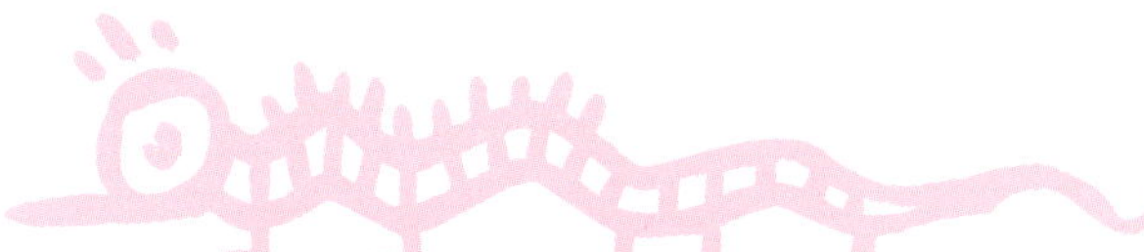

CARAMBAR info

Vrai ou faux ? Avec une anguille, on peut réduire ses dépenses d'électricité.

Réponse : Vrai. Certaines anguilles sont électriques et peuvent produire plus de 400 volts, c'est-à-dire faire tourner deux frigos en même temps.

DANS LA SÉRIE...

AMUSE TES AMIS

– Dis papa, tu sais écrire, dans le noir ?
– Oui, mon garçon.
– Super, alors signe mon carnet de notes.

Mort de rire

Un monsieur se rend chez le médecin.
– Docteur, depuis quelque temps, j'ai le cafard et des fourmis dans les jambes.
– Très bien, je vous prescris un insecticide !

CARAMBAR info

Vrai ou faux ? Certains perroquets laissés trop longtemps tout seuls sont capables d'appeler SOS Amitié.

Réponse : Faux. Lorsqu'ils sont laissés seuls, ils deviennent fous.

3 bonnes raisons...

... de chanter sous ta douche :

1) Si tu chantes faux, il ne pleuvra pas plus fort.
2) Ça distrait les gouttes d'eau.
3) Ça indique que tu es toujours dans la salle de bains.

C'EST QUOI LE PIRE ?

Avoir des ampoules clignotantes aux mains
OU une cloque au pied qui fait de la musique ?

DANS LA SÉRIE…

Mort de rire

– Tu as vu des brigands ? Sept, tu dis ?
– Je dis sept.
– Dix-sept ?
– Non, sans dix.
– Cent dix-sept ? Mais c'est toute une bande !

AMUSE TES AMIS

Émilie dit à son père :
– Pourquoi mets-tu le journal dans le frigo ?
Son père répond :
– Pour que les nouvelles soient toujours fraîches.

3 bonnes raisons…

… de ne pas jeter des œufs du haut de ton balcon :

1) Ça pourrait contrarier la poule.
2) La concierge retrouve toujours les coupables.
3) On ne reconnaît pas forcément sa mère du 5e étage.

TU DEVINERAS JAMAIS !

De quoi a besoin un éléphant qui a la diarrhée ?

Réponse : De beaucoup d'espace.

C'EST QUOI LE PIRE ?

Te nettoyer les oreilles avec un os de poulet
OU te coiffer les cheveux avec une arête de poisson ?

DANS LA SÉRIE…

Élémentaire, mon cher !

Quelle est la différence entre une carte postale et un fou ?

Réponse : Aucune, ils sont tous les deux timbrés !

Y EN A LÀ-DEDANS !

Comment appelle-t-on le père et la mère de l'homme invisible ?

Réponse : Ses transparents !

TU DEVINERAS JAMAIS !

Qu'est-ce qui est grand avant de devenir petit ?

Réponse : Une bougie.

C'EST QUOI LE PIRE ?

Peindre une toile à l'aide d'une brosse à dents
et d'un tube de mayonnaise
OU faire une sculpture dans
de la purée avec un cure-dents ?

CARAMBAR info

Vrai ou faux ? En découvrant la vie,
les bébés girafes tombent de haut.

*Réponse : Vrai. Quand leur mère accouche,
ils font une chute de 1,80 m.*

DANS LA SÉRIE...

AMUSE TES AMIS

– Un verre de vin, s'il vous plaît.

– Bien Monsieur, voulez-vous du rouge ou du blanc ?

– Pas d'importance, c'est pour un aveugle.

Mort de rire

Dans un cirque, un prestidigitateur entre en scène, désigne un garçon dans le public et lui dit :

– Explique à ces gens que nous ne nous sommes jamais vus !

– D'accord, papa !

Y EN A LÀ-DEDANS !

Par quoi se tiennent l'Angleterre et la France ?

Réponse : Par la Manche !

C'EST QUOI LE PIRE ?

Laver la vaisselle avec ta langue
OU sécher le linge en soufflant dessus ?

CARAMBAR info

Vrai ou faux ? 8 % des péteurs pètent devant leur chien pour s'amuser.

Réponse : Vrai. Reste à savoir si ça amuse le chien…

DANS LA SÉRIE...

AMUSE TES AMIS

Dans une classe, l'instituteur demande :
– Que savez-vous du département de l'Aube ?
– C'est là que le soleil se lève, Monsieur !

HiHiHiHi !

Mort de rire

Un malade va voir un guérisseur et lui demande :
– Pouvez-vous me soigner, j'ai la grippe ?
Le guérisseur lui dit :
– Bzz...Bzz... vous êtes guéri !
Et le malade lui répond :
– Bzz...Bzz... vous êtes payé !

3 bonnes raisons...

... de ne pas faire la tronche sur une photo de classe :

1) Tu vas devoir la cacher pendant trente ans.
2) Tes enfants ne voudront pas te ressembler.
3) Les gens diront : « C'est fou ce que t'as pas changé. »

TU DEVINERAS JAMAIS !

Pourquoi met-on une selle sur un cheval ?

Réponse : Parce que si on la met dessous, elle tombe.

Hahahaha !!!!

C'EST QUOI LE PIRE ?

Couper un petit pois en huit parts égales avec l'ongle de ton pouce OU faire huit litres de jus d'orange en le pressant sous tes bras ?

DANS LA SÉRIE...

AMUSE TES AMIS

Deux escargots se promènent sur une plage quand ils rencontrent une limace :
– Demi-tour, nous sommes sur une plage de nudistes !

Mort de rire

Qu'est-ce qu'un squelette dans un placard ?

Réponse : Quelqu'un qui a gagné en jouant à cache-cache !

Y EN A LÀ-DEDANS !

Qu'est-ce qui tombe tous les jours sans faire de bruit ?

Réponse : La nuit !

3 bonnes raisons...

... de bomber le torse quand on croise une fille :

1) Les filles aiment les torses bien bombés.
2) Pour montrer comment tu serais si tu étais sportif.
3) Pour qu'elle se dise : « Il est pas mal, le type à côté de l'idiot qui bombe son torse. »

CARAMBAR info

Vrai ou faux ? On reconnaît les moustiques femelles à leurs ailes qui deviennent fluo quand elles volent.

Réponse : Faux. On les reconnaît au fait que ce sont les seules à sucer le sang, alors que les mâles se nourrissent de sève.

DANS LA SÉRIE…

AMUSE TES AMIS

Un homme va acheter un lit et demande qu'il soit très très solide.
Le vendeur lui dit :
– Mais vous n'êtes pas si gros, pourtant…
Et il répond :
– Non, mais j'ai le sommeil très lourd.

Mort de rire

Un chevalier en armure perdu dans le désert s'évanouit et tombe dans le sable. Un lion s'approche, le renifle et dit :
– Oh non ! Une boîte de conserve !

Élémentaire, mon cher !

Au zoo, un enfant interroge le gardien :
– La girafe attrape-t-elle mal à la gorge, quand elle a les pieds mouillés ?
– Oui, comme tout le monde, mais une semaine plus tard !

CARAMBAR info

Vrai ou faux ? Un pur-sang peut galoper toute une course la bouche pleine de foin.

Réponse : Vrai. En tout cas théoriquement, puisque les chevaux ne respirent que par le nez.

C'EST QUOI LE PIRE ?

Te gratter les fesses avec ton pied droit
OU te masser le cou avec ton genou gauche ?

3 bonnes raisons...

... de ne pas râler quand le prof annule un contrôle :

1) Sans le savoir, il a sauvé la vie de certains élèves.
2) Généralement, plus tu insistes, moins t'as d'amis.
3) Il faut reconnaître un miracle quand il arrive.

DANS LA SÉRIE…

AMUSE TES AMIS

Un professeur dit à un élève :

– Qu'y a-t-il, au-dessus du décilitre ?

– Le litre.

– Bien ! Et au-dessus du litre ?

– Le bouchon.

Mort de rire

– Papa, peux-tu me donner deux euros ?

C'est pour un vieux monsieur qui crie dans la rue…

– Et que crie-t-il ?

– Cornet de glace : deux euros !

Y EN A LÀ-DEDANS !

Je commence par un « e », je finis aussi par un « e », mais je ne contiens qu'une lettre… qui suis-je ?

Réponse : Une enveloppe !

3 bonnes raisons...

... d'aller voir un film d'horreur avec une fille :

1) Pour qu'elle se jette dans tes bras.
2) Pour qu'elle t'enfonce ses ongles dans la main.
3) Pour qu'elle te raconte ce qui se passe quand tu te caches les yeux.

C'EST QUOI LE PIRE ?

Traire une vache avec les pieds
OU tondre un mouton avec les dents ?

TU DEVINERAS JAMAIS !

Comment appelle-t-on
un boomerang qui ne revient pas ?

Réponse : Un bout de bois.

DANS LA SÉRIE...

Élémentaire, mon cher !

Julie dit à son père :

– Je suis certaine que j'aurai zéro en maths.

– Ah bon ?

– C'est aussi sûr que deux et deux font cinq !

Mort de rire

C'est un garçon qui demande dans un restaurant :

– Alors, cette crème renversée, elle arrive ?

– On la ramasse, Monsieur, on la ramasse !

Monsieur et Madame

Monsieur et Madame Cale ont des triplés : deux filles et un garçon. Comment les appellent-ils ?

Réponse : Anna, Lyse et Mehdi, car analyses médicales !

TU DEVINERAS JAMAIS !

Quel est le légume qui est petit, tout blanc et qui fait mal ?

Réponse : L'ail !

CARAMBAR info

Vrai ou faux ? Certains cobras entretiennent d'excellents rapports avec les éléphants.

Réponse : Faux. Leur morsure peut tuer un éléphant adulte en moins de trois heures.

DANS LA SÉRIE...

Mort de rire

– Garçon ! Pouvez-vous me dire ce que cette mouche fait dans mon potage ?
– Apparemment, Monsieur, elle nage !

Devinette

Madame Hardy a cinq enfants. La moitié sont des filles. Comment expliquez-vous ça ?

Réponse : L'autre moitié, ce sont aussi des filles.

Y EN A LÀ-DEDANS !

Un papa dit à ses enfants :
– Aujourd'hui, nous allons déjeuner chez tante Lucie. Il faudra bien vous tenir !
– Ah bon, s'étonne le plus petit. C'est glissant, chez tante Lucie ?

C'EST QUOI LE PIRE ?

Avoir la langue qui se couvre de poils quand tu manges des bonbons en cachette
OU les doigts qui sentent le camembert quand tu te les mets dans le nez ?

TU DEVINERAS JAMAIS !

Comment appelle-t-on la petite d'une oie ?

Réponse : Une noisette.

DANS LA SÉRIE...

Monsieur et Madame

Monsieur et Madame Duciel viennent d'avoir des sextuplés.
Comment les appellent-ils ?

Réponse : Betty, Baba, Noël, Candy, Tess et Andréa, car Petit Papa Noël, quand tu descendras du ciel...

Mort de rire

Pierre rentre de l'école et annonce tout fier à sa maman :

– J'ai eu 20 aujourd'hui !

– En quelle matière ?

– 3 en maths, 5 en français, et 12 en gym !

AMUSE TES AMIS

Un promeneur s'arrête sur le bord de l'eau et demande à un pêcheur :

– Ça mord ?

– Non, ne craignez rien, ils sont inoffensifs !

3 bonnes raisons...

... de ne pas être un personnage de BD :

1) C'est gonflant de parler dans des bulles.
2) On rencontre plus de méchants
   que dans la vraie vie.
3) Il fait tout noir quand l'album est fermé.

C'EST QUOI LE PIRE ?

Être coincé(e) dans un ascenseur en panne avec
cent camemberts sortis de leurs emballages
OU faire un voyage en train avec cent passagers
qui n'ont pas changé de chaussettes depuis quinze jours ?

CARAMBAR info

Vrai ou faux ? Dans une vie, on perd en moyenne vingt-trois fois ses clés.

Réponse : Faux. Mais on passe environ un an à chercher des objets égarés.

DANS LA SÉRIE…

AMUSE TES AMIS

Dans un train, un homme mâche un chewing-gum.
Assise en face de lui, une vieille dame lui dit :
– Vous savez, ne vous fatiguez pas à me faire la conversation, je suis sourde.

Mort de rire

Un monsieur est au bord d'un lac.
Le garde arrive et lui dit :
– Monsieur, il est interdit de pêcher ici !
– Je ne pêche pas, j'apprends à nager à mon ver de terre !

CARAMBAR info

Vrai ou faux ? Certains animaux ont le sang vert pomme.

Réponse : Faux. Il existe trois couleurs de sang : rouge, bleu pour les crustacés et jaune pour les insectes.

TU DEVINERAS JAMAIS !

Quelle est la partie de l'automobile la plus dangereuse ?

Réponse : La conductrice.

C'EST QUOI LE PIRE ?

Être puni(e) pour une bêtise que ton frère a faite
OU qu'on félicite ton frère pour un service que tu as rendu ?

DANS LA SÉRIE...

AMUSE TES AMIS

– Papa, dit un jeune garçon, je n'ai pas pris l'autobus, j'ai couru derrière lui. Comme ça j'ai économisé un euro.
– Petit crétin, lui répond son père, fallait courir derrière un taxi, t'aurais économisé trois euros…

Charade

Mon premier est un instrument de musique.
Mon deuxième se cultive en Camargue.
Mon troisième n'est pas éveillé.
Mon tout est un long couloir.

Réponse : CORRIDOR (Cor-Riz-Dort).

PAS D'BOL

Pourquoi le taureau est-il l'animal le plus malheureux du monde ?

Réponse : Parce que sa femme est vache !

CARAMBAR info

Vrai ou faux ? Les écureuils se font moins souvent mal que les chats.

Réponse : Vrai, car les écureuils peuvent chuter jusqu'à cent cinquante mètres dans le vide sans se blesser.

TU DEVINERAS JAMAIS !

Pourquoi ne timbre-t-on pas ses mails ?

Réponse : Parce que t'aurais l'air malin, à lécher ton ordinateur !

DANS LA SÉRIE...

PAS D'BOL

– Allez debout, Roger ! Il faut aller à l'école ! Tu dois te lever !
– Non ! Je ne veux pas y aller : ils sont tous méchants avec moi !
– Mais voyons, Roger, c'est tout de même toi, l'instituteur !

Charade

Mon premier est un obstacle.
Mon deuxième est une planète.
Mon troisième est une habitation d'oiseaux.
Mon quatrième est une boisson anglaise.
Mon tout n'a ni début ni fin.

Réponse : ÉTERNITÉ (Haie-Terre-Nid-Thé).

AMUSE TES AMIS

– Monsieur le maroquinier, bonjour. Je voudrais un portefeuille imperméable. C'est pour mettre de l'argent liquide…

3 bonnes raisons...

... de mettre une photo de son patron sur son bureau :

1) Pour faire croire que t'es le fils du patron.
2) Pour te dire : « Ô patron adoré, donne-moi ta force. »
3) Pour qu'il te dise en passant : « Je vous félicite pour votre bon goût. »

CARAMBAR info

Vrai ou faux ? Il ne faut pas être affamé(e) si on veut manger un œuf d'autruche à la coque.

Réponse : Vrai. Il faut à peu près quatre heures pour le faire bouillir.

C'EST QUOI LE PIRE ?

Repasser tes habits avec un rouleau à pâtisserie
OU essuyer la vaisselle avec tes chaussettes sales ?

DANS LA SÉRIE...

PAS D'BOL

La maman d'Émilie n'est pas contente :
– Le lait a débordé ! Je t'avais demandé de surveiller ta montre !
– Mais je l'ai fait, il était exactement 8 h 10 quand le lait a débordé !

AMUSE TES AMIS

Patrick a découpé en plusieurs morceaux son cheval de bois :
– Tu es fou, le gronde maman, qu'est-ce qui t'a pris ?
Alors le petit garçon lui répond :
– Ben, j'ai joué à la boucherie chevaline !

Charade

L'arbre n'aime pas mon premier.
Mon second fait un peu plus que sourire.
Mon tout est un pays du Proche-Orient.

Réponse : SYRIE (Scie-Rit).

CARAMBAR info

Vrai ou faux ? L'expression la plus populaire au monde est : « Ah ben tiens, v'là aut' chose ! »

Réponse : Faux. C'est l'expression anglaise « OK ».

C'EST QUOI LE PIRE ?

Bégayer dès que tu dragues quelqu'un
OU avoir le hoquet chaque fois que tu veux poser une question à ton patron ?

3 bonnes raisons...

... de prendre ses vidéos de vacances pour des films :

1) *Les Camus à Rome en short*, ça donne une impression d'aventure.
2) *Les Camus perdus en mer en Pédalo*, des frissons.
3) *Où est passée la caravane des Camus*, du suspense.

DANS LA SÉRIE...

Sans queue, ni tête

Qu'est-ce qu'une souris sans sa perruque ?

Réponse : Une chauve-souris !

Toute mimi mignonne

Une petite coccinelle affolée va voir un vétérinaire et lui demande :

– Docteur, vous n'auriez rien contre les points noirs ?

Devinette

Quelles sont les lettres les plus vieilles de l'alphabet ?

Réponse : A – G (Âgées).

TU DEVINERAS JAMAIS !

À quel moment un petit garçon se retrouve-t-il en état de légitime défense ?

Réponse : Quand il signe son carnet de notes à la place de ses parents.

C'EST QUOI LE PIRE ?

Que ta mère te prépare de la tête de veau en sandwich pour le goûter OU que ta mère ait une tête de veau, mais qu'elle te prépare les meilleurs goûters du monde ?

HoHoHoHoHoHoHo !!!

CARAMBAR info

Vrai ou faux ? C'est au Groenland qu'il y a le moins de mariages chaque année.

Réponse : Faux. C'est au Vatican, où il y a aussi moins de pingouins qu'au Groenland.

DANS LA SÉRIE…

AMUSE TES AMIS

La maîtresse d'école :

– Martine, citez-moi le fruit le plus rafraîchissant.

– La pomme d'arrosoir, M'dame.

Charade

Le premier se fait vers un an.
Pour faire mon premier, il faut avoir mon second.
Mon tout sert à envelopper.

Réponse : PAPIER (Pas-Pied).

PAS D'BOL

Quel est le point commun entre un parachute et l'intelligence ?

Réponse : Dans les deux cas, quand on n'en a pas on s'écrase !

TU DEVINERAS JAMAIS !

Qu'est-il écrit dans les bus italiens ?

Réponse : Ne parlez pas au chauffeur, il a besoin de ses mains.

CARAMBAR info

Vrai ou faux ? On utilise deux cents muscles rien que pour lever le petit doigt.

Réponse : Faux. Mais c'est le nombre de muscles sollicités à chaque pas que l'on fait.

HiHiHiHiHi ! HiHiHiHiHi !

C'EST QUOI LE PIRE ?

Te retrouver coincé(e) dans les toilettes d'un restaurant
OU ne pas pouvoir y entrer alors que tu as une super envie ?

DANS LA SÉRIE...

Élémentaire, mon cher !

Un monsieur dit à un ami :

– C'est énervant, je viens d'acheter un téléphone sans fil, et il ne marche pas.

– Ben, achète un fil !

PAS D'BOL

Toto va se coucher sans dire un mot. Son père le rappelle :

– On ne t'apprend pas à dire « bonsoir », à l'école ?

– Ben non ! Je n'y vais que le matin !

Mort de rire

Un homme saute de la tour Eiffel. Ses cheveux tombent dix minutes plus tard. Pourquoi ?

Réponse : Parce qu'il utilise un shampooing qui ralentit la chute des cheveux !

C'EST QUOI LE PIRE ?

Que ton voisin de palier s'achète la même voiture que toi OU que ta nouvelle secrétaire soit le sosie de ta mère ?

TU DEVINERAS JAMAIS !

Que dit un bébé nuage à sa maman nuage s'il a envie d'aller aux toilettes ?

Réponse : Maman, j'ai envie de faire pluie-pluie.

DANS LA SÉRIE...

AMUSE TES AMIS

Un fou demande à un autre :

– Vous aimez le thé ?

– Oh oui, répond l'autre, mais je n'en bois jamais parce que les petits sachets restent dans la gorge.

Charade

On se couche dans mon premier.
Mon deuxième est un pronom personnel.
Mon troisième commence l'alphabet.
Mon quatrième conteste.
Mon tout est un pays balte.

Réponse : LITUANIE (Lis-Tu-A-Nie).

PAS D'BOL

Un pou rencontre un de ses amis qui titube :

– Qu'est-ce qui t'arrive, tu es malade ?

– Non, j'ai reçu un coup de peigne !

3 bonnes raisons...

... de se couper les ongles de pied régulièrement :

1) C'est plus pratique que de les ronger.

2) C'est plus rapide que de réparer des chaussettes trouées.

3) C'est plus joli de ne pas avoir les pieds d'un ours blanc.

C'EST QUOI LE PIRE ?

Te retrouver au milieu d'une bande de chiens affamés avec un collier de saucisses autour du cou

OU te faire lécher le corps par 87 chats après avoir pris un bain de lait ?

CARAMBAR info

Vrai ou faux ? Quand on a le « singulthus », personne ne sait comment l'arrêter.

AHAHAH!

Réponse : Vrai, car le « singulthus », c'est le mot latin pour dire hoquet.

DANS LA SÉRIE…

Sans queue, ni tête

– Je suis très inquiet, toute la journée je vois des points noirs !
– Tu as vu l'oculiste ?
– Non, des points noirs !

Devinette

À l'entrée d'une passerelle il y a une pancarte : « Ne pas passer à deux sinon le pont casse. » Un homme lit la pancarte et avance. Crac, le pont cède. Pourquoi ?

Réponse : Parce qu'un homme averti en vaut deux.

Toute mimi mignonne

Un bouleau s'aperçoit que son écorce est déchirée.
Il se penche vers un sapin et lui demande :
– Tu peux me passer une aiguille ?

TU DEVINERAS JAMAIS !

Pourquoi faut-il arrêter de chasser les perdrix quand on n'a pas de fusil ?

Réponse : Parce qu'on ne lancera jamais les chiens assez haut.

C'EST QUOI LE PIRE ?

Avoir un bec qui pousse chaque fois que tu manges un œuf
OU avoir des cornes sur la tête quand tu bois du lait ?

CARAMBAR info

Vrai ou faux ? C'est plus agréable de se faire mordre par un crapaud que par une grenouille.

Réponse : Vrai. Car les crapauds n'ont pas de dents, contrairement aux grenouilles.

DANS LA SÉRIE...

AMUSE TES AMIS

Jeannot dit à son père :
– Dis, papa, maintenant que tu m'as acheté une voiture à pédales, je peux dire des injures ?

Mort de rire

Une femme entre dans un magasin, se dirige vers un rayon et dit à la vendeuse :
– Je trouve vos chapeaux trop grands.
– Mais, Madame, vous êtes au rayon des abat-jour !

Charade

Mon premier est une ville du Midi.
Mon deuxième varie suivant les saisons.
Mon troisième donne des points lorsqu'on l'atteint.
Mon tout peut toujours se rallonger.

Réponse : EXTENSIBLE (Aix-Temps-Cible).

3 bonnes raisons...

... de garder une photo de sa mère sur soi :

1) Pour avoir une excuse quand on se moque de ta tronche.
2) Pour lui faire une bonne surprise quand elle va fouiller dans ton portefeuille.
3) Pour gratter ton pare-brise quand il est givré.

C'EST QUOI LE PIRE ?

Passer la tondeuse à gazon sur une plage de galets
OU couper des branches d'arbre avec une paire de ciseaux à ongles ?

CARAMBAR info

Vrai ou faux ? Une puce peut boire jusqu'à quinze fois son poids en alcool sans dire n'importe quoi.

Réponse : Faux. Par contre elle peut boire jusqu'à quinze fois son poids en sang dans une journée.

DANS LA SÉRIE...

Devinette

Deux fourmis sont sur un âne, laquelle va doubler l'autre ?

Réponse : Aucune, c'est interdit de doubler sur un dos d'âne.

Mort de rire

Le maître demande à Toto de lui répéter l'alphabet. Toto lui répond :

– L'alphabet !

abcdefghijklm...

Élémentaire, mon cher !

Deux amis échangent des souvenirs d'enfance.

– Sais-tu ce qu'est devenu Antoine, celui qui jouait si bien aux dames ?

– Il est pion dans un lycée !

TU DEVINERAS JAMAIS !

Comment sait-on qu'un astronaute a trompé sa femme ?

Réponse : Il a un cheveu vert sur sa combinaison.

C'EST QUOI LE PIRE ?

Traverser le désert à vélo
OU faire le Tour de France en chameau ?

CARAMBAR info

Vrai ou faux ? Quand un cochon est malade, son groin devient violet.

Réponse : Faux. On voit qu'un cochon est malade quand sa queue n'est plus en tire-bouchon.

DANS LA SÉRIE...

AMUSE TES AMIS

Le malade à son médecin :

– Docteur, je mange comme un bœuf, j'ai un caractère de chien, une fièvre de cheval et j'engraisse comme un porc, que dois-je faire ?

– Il n'y a pas à hésiter ! dit le docteur, allez voir un vétérinaire.

Mort de rire

Un cancre demande à sa mère :

– Maman, comment ça s'écrit, « Nouille » ?

– Pourquoi, mon chéri ?

– Ben… j'ai un exposé à faire sur Nouille York !

Y EN A LÀ-DEDANS !

Un papa demande à son petit garçon :

– Où poussent les poires ?

– Sur un poirier !

– Et où poussent les dattes ?

– Sur un calendrier !

Hohoho

3 bonnes raisons...

... de souhaiter la Saint-Valentin à sa femme :

1) Après t'es tranquille pendant un an.

2) Ça te donne une excuse pour oublier son anniversaire.

3) Profites-en, car l'année prochaine tu seras peut-être tout seul !

CARAMBAR info

Vrai ou faux ? Chaque jour, en moyenne, on pense 23 000 fois aux filles.

Réponse : Faux. Par contre c'est à peu près le nombre de fois où l'on respire.

C'EST QUOI LE PIRE ?

Ligoter les pattes d'une mouche après l'avoir attrapée
OU nettoyer un hippopotame couvert de boue avec un Coton-Tige ?

DANS LA SÉRIE...

AMUSE TES AMIS

Un petit garçon demande à sa maman :
– Dis, maman, il avait quel âge, le Petit Robert, quand il a écrit son livre ?

Charade

Mon premier est un oiseau bavard.
Mon deuxième est une grosse rayure.
Mon troisième est au milieu du visage.
Mon tout est une chaîne de montagnes.

Réponse : PYRÉNÉES (Pie-Raie-Nez).

Y EN A LÀ-DEDANS !

Comment appelle-t-on une taupe qui a le poil blond et les yeux bleus ?

Réponse : une taupe-modèle !

C'EST QUOI LE PIRE ?

Trouver des poils dans ta soupe
OU un cafard dans tes poils ?

AH ! AH ! AH !

3 bonnes raisons...

… de passer la nuit à son bureau :

1) Pour manger toutes les sucreries planquées dans les tiroirs de tes collègues.
2) Pour faire une séance photo dans le fauteuil de ton patron.
3) Pour photocopier tes dessous de bras tranquillement.

CARAMBAR info

Vrai ou faux ? Le koala ne s'autorise que deux heures par jour de pause pour déjeuner et se promener.

Réponse : Vrai. Et ce gros flemmard dort les vingt-deux heures restantes de la journée.

DANS LA SÉRIE…

Devinette

Pourquoi les musiciens aiment-ils prendre le train ?

Réponse : Parce que la voie fait ré.

Sans queue, ni tête

Qu'est-ce qui est noir avec un point jaune et qui vole ?

Réponse : Une mouche avec une dent en or !

Élémentaire, mon cher !

À l'école :

– Claire, dit la maîtresse, conjugue le verbe « marcher » au présent de l'indicatif.

– Euh… Je marche, tu marches…

– Dépêche-toi, Claire !

– Je cours, tu cours !

C'EST QUOI LE PIRE ?

Chanter merveilleusement bien et rester inconnu toute ta vie
OU avoir une voix atroce et devenir une grande star de la chanson ?

CARAMBAR info

Vrai ou faux ? Pour devenir cosmonaute, il faut mesurer au minimum 1,80 m.

Réponse : Vrai. Pourtant, s'ils étaient plus petits, ils auraient plus d'espace…

TU DEVINERAS JAMAIS !

Pourquoi un conducteur myope enlève-t-il ses lunettes
lors d'un contrôle d'alcoolémie ?

Réponse : Parce que ça lui fait toujours deux verres en moins.

DANS LA SÉRIE...

Devinette

Quel est le tailleur qui peut se passer de fil et d'aiguilles ?

Réponse : Le tailleur de pierres.

Mort de rire

Un citron et une vache veulent cambrioler une banque. Le citron dit :

– Plus un zeste !

Et la vache crie :

– On bouse plus !

Élémentaire, mon cher !

Un maître demande à un élève :

– Dis-moi une phrase avec une épithète.

L'élève répond :

– Aujourd'hui il fait beau, épithète demain aussi !

TU DEVINERAS JAMAIS !

Comment faire grandir son nouvel amoureux, s'il est trop petit ?

Réponse : Le planter dès le premier rendez-vous.

C'EST QUOI LE PIRE ?

Dormir une nuit entière sur une photocopieuse en marche
OU que ton patron t'oblige à taper tout son courrier en étant allongé sur un transat ?

CARAMBAR info

Vrai ou faux ? À cause de la transpiration, les ongles des pieds poussent deux fois plus vite que ceux des mains.

Réponse : Faux. Au contraire, il poussent quatre fois moins vite.

DANS LA SÉRIE...

Y EN A LÀ-DEDANS !

Pendant un cours de grammaire, la maîtresse demande à un élève :

– Si je dis : « Le voleur est arrêté », où se trouve le sujet ?

L'élève lui répond :

– En prison, Mademoiselle !

Devinette

Quelle est la différence entre un avion et de la colle ?

Réponse : La colle, elle colle, et l'avion, il décolle.

AMUSE TES AMIS

La maîtresse demande à Julie :

– Qu'as-tu fait, pendant les vacances ?

Julie répond :

– Pas grand-chose, et en tout cas pas de quoi faire une rédaction.

3 bonnes raisons...

... de ne pas abuser des jeux vidéo :

1) À force de tenir les manettes tu vas avoir des ampoules plein les doigts.
2) Même si tu finis tous les niveaux du jeu ça fera idiot si tu le mets dans ton CV.
3) À la longue tu vas croire que tu as aussi plusieurs vies.

C'EST QUOI LE PIRE ?

Être le chouchou d'une prof que tout le monde déteste
OU être la tête de Turc d'un surveillant que tout le monde trouve cool ?

CARAMBAR info

Vrai ou faux ? Si on garde son poisson rouge dans le noir, il se met à pleurer.

Réponse : Faux. Mais par contre, à la longue, il deviendra blanc. Donc il faut vraiment éviter !

DANS LA SÉRIE...

AMUSE TES AMIS

Deux fous se promènent. Soudain, ils lèvent la tête pour regarder passer un avion.

– Ah, je le reconnais, c'est l'avion du président.

– T'es fou ? On aurait vu passer les motards !

Mort de rire

Trois prisonniers s'échappent de prison. Le premier passe et fait du bruit.

Le gardien demande :

– Qui va là ?

Le premier fait « miaou », le deuxième fait « miaou »,
et le troisième dit :

– C'est le chat !

Toute mimi mignonne

Que se font un papa cygne et une maman cygne lorsqu'ils se rencontrent ?

Réponse : un petit signe !

3 bonnes raisons...

... de ne pas percer ses boutons :

1) Parce qu'ils vont mettre plus de temps à partir.

2) Parce qu'en te voyant toutes les filles pourront t'imaginer en train de le faire.

1) Parce que ça va salir le miroir de la salle de bains.

AHAHAH! AHAHAH!

C'EST QUOI LE PIRE ?

Te faire couper les cheveux dans le noir
OU devoir prendre ton bain devant toute ta classe ?

DANS LA SÉRIE…

AMUSE TES AMIS

Un dentiste demande à son patient :

– Vous ne voulez vraiment pas que je vous anesthésie la dent ?

– Ah non ! Elle me fait souffrir depuis trois jours, je me venge !

Élémentaire, mon cher !

Que demande un tennisman, lorsqu'il fait la manche ?

Réponse : « T'as pas deux balles ? »

Toute mimi mignonne

Un bébé nuage pleure.

– Tu veux une petite pluie ? lui propose maman nuage.

– Non.

– Tu veux un petit cyclone ?

– Non, je veux juste une petite bise !

TU DEVINERAS JAMAIS !

Pourquoi le ciel est-il si grand ?

Réponse : Parce que ça permet aux super héros de ne pas se rentrer dedans quand ils volent.

3 bonnes raisons...

... de ne pas prendre le désert pour une plage :

1) La mer est trop loin.
2) Le terrain de volley est trop grand.
3) Les glaces fondent trop vite.

C'EST QUOI LE PIRE ?

Être enfermé(e) une semaine dans un placard avec plein de bonbons OU être libre avec interdiction d'en manger ?

DANS LA SÉRIE...

Ça, c'est le comble !

Quel est le comble pour un professeur de géographie ?

Réponse : C'est de voir un fleuve suivre son cours !

Mort de rire

– Docteur, docteur, je crois que j'ai un besoin urgent de lunettes !
– C'est ce que je pense, chère madame, car ici vous êtes dans une boulangerie !

Toute mimi mignonne

Une gomme en rencontre une autre.
Elle lui demande :
– Comment ça va ?
– Bah, gomme-ci, gomme-ça !

TU DEVINERAS JAMAIS !

Qu'est-ce qui est blanc, rouge au bout et qui sent le pipi ?

Réponse : Une borne kilométrique !

C'EST QUOI LE PIRE ?

Avoir un appareil dentaire fluo qui clignote quand tu souris
OU des lunettes qui te font loucher ?

CARAMBAR info

Vrai ou faux ? En mettant bout à bout les feuilles de papier toilette utilisées par les Français pendant un an, on peut faire 1650 fois le tour de la Terre.

Réponse : Vrai. Mais il faut vraiment ne rien avoir d'autre à faire…

DANS LA SÉRIE...

Élémentaire, mon cher !

Une dame s'étonne de voir sa femme de ménage essuyer les vitres avec un mouchoir :

– Pourquoi n'utilisez-vous pas un chiffon ?

– Mais Madame, c'est un mouchoir à carreaux !

Mort de rire

Dans un magasin chic, un client s'adresse au vendeur :

– Vos pantalons sont un peu chers. Vous n'avez rien en dessous ?

– Si, un slip, pourquoi ?

Ça, c'est le comble !

Quel est le comble du gendarme ?

Réponse : Arrêter tous les oiseaux qui volent !

TU DEVINERAS JAMAIS !

Que peut-on faire comme métier si on ne sait compter que jusqu'à dix ?

Réponse : Arbitre de boxe.

Hihihihihi !

Hihihihihihi !

C'EST QUOI LE PIRE ?

Rater ton bac cinq fois d'affilée sans que ça se sache
Ou réussir ton permis de conduire du premier coup
sans jamais avoir de voiture ?

DANS LA SÉRIE...

Devinette

Quelles sont les trois villes de France qui, réunies, donnent vingt et un ?

Réponse : Troyes – Foix – Sète (trois fois sept).

Mort de rire

Un fou demande à un autre :

– Que faites-vous, dans la vie ?

– Je travaille dans un bureau, répond l'autre.

– Ah bon ! fait le premier. Et dans quel tiroir ?

Élémentaire, mon cher !

Toto demande une tranche de gruyère et donne une pièce de deux euros au vendeur.

– Mais la pièce est trouée ! dit le vendeur.

– Votre gruyère aussi ! répond Toto.

CARAMBAR info

Vrai ou faux ? Avant de s'endormir, les autruches se crachent les unes sur les autres pour se laver.

Réponse : Faux. Par contre les autruches bâillent en groupe avant de s'endormir.

C'EST QUOI LE PIRE ?

Muer de la voix à dix-huit ans
Ou avoir déjà de la barbe à sept ans ?

TU DEVINERAS JAMAIS !

Que représente un feu rouge qui passe au vert, pour un extraterrestre ?

Réponse : Une fille qui lui fait de l'œil.

DANS LA SÉRIE...

AMUSE TES AMIS

Une tomate et un citron traversent la rue, le citron se fait écraser, le tomate se retourne et lui crie :

– Alors, Juju, tu te presses ?

Mort de rire

– Bonjour Monsieur, je viens régler la dernière mensualité du landau que j'avais acheté à crédit.

– Parfait, Madame, et comment va l'enfant ?

– Très bien ! Elle va se marier la semaine prochaine !

Toute mimi mignonne

– Dis, mémé, quel âge as-tu ?

– Oh, je ne sais pas, ma petite-fille !

– Eh bien regarde ta culotte, sur la mienne il y a écrit quatre ans !

C'EST QUOI LE PIRE ?

Avoir une tête en savon quand il pleut
OU avoir des pieds en fromage quand il fait très chaud ?

MWAHAHAH !
MWAHAHAH !
MWAHAHAH !

CARAMBAR info

Vrai ou faux ? Ça prend plus de temps à une blonde de compter ses cheveux qu'à une brune ou à une rousse.

Réponse : Vrai. En moyenne elles ont plus de cheveux que les autres : 150 000 pour les blondes, 100 000 pour les brunes et 60 000 pour les rousses.

DANS LA SÉRIE...

AMUSE TES AMIS

Un escargot console un ver luisant qui regarde tristement une étoile dans le ciel :

– Ne t'inquiète pas, ce n'est qu'une frimeuse !

Mort de rire

En leçon de conjugaison, la maîtresse demande :

– « Je serai belle », quel temps est-ce ?

– Le futur, répond Arthur.

– Et « je suis belle » ?

– Un mensonge, maîtresse !

HA, HA, HA !

Toute mimi mignonne

Charlotte va voir sa maman et demande :

– Est-ce que je pourrais avoir du chocolat ?

– On dit comment ?... s'il... s'il...

– ... s'il... en reste encore !

TU DEVINERAS JAMAIS !

Qu'est-ce que les hommes font le mieux pour dîner ?

Réponse : Une réservation au restaurant.

C'EST QUOI LE PIRE ?

Faire un match de boxe sur des échasses

OU escalader le mont Blanc avec des palmes ?

CARAMBAR info

Vrai ou faux ? Une tonne de fer, c'est tellement lourd que ça pèse trois tonnes.

Réponse : Vrai. D'une certaine manière, avec le temps, la rouille peut alourdir le fer jusqu'à trois fois son poids.

DANS LA SÉRIE...

AMUSE TES AMIS

– Maman, crie Éric en courant vers sa mère,
mon petit frère est en train de manger le journal !
– Ce n'est rien, dit placidement sa mère, c'est celui d'hier.

Toute mimi mignonne

Une petite souris très enrouée s'écrie, triomphante :
– Ça y est ! J'ai un chat dans la gorge !

PAS SI BÊTE

Deux mites se promènent sur un veston :
– Vous partez en vacances, cette année ?
– Oui, j'ai trouvé un petit trou au bord de la Manche !

TU DEVINERAS JAMAIS !

Comment faire pour se retrouver sur un arbre de vingt mètres en moins de deux secondes ?

Réponse : Sauter d'un arbre de trente mètres.

HOHOHO !

C'EST QUOI LE PIRE ?

Que ton père ressemble au prof que tu détestes le plus
OU que ta mère soit le sosie d'une chanteuse nulle ?